LE PROJET DE LOI

SUR LA

RÉFORME DU RÉGIME HYPOTHÉCAIRE

PAR

M. DE LOYNES

Professeur de Code civil à la Faculté de Droit
de l'Université de Bordeaux.

Extrait de la Revue critique de législation et de jurisprudence.

PARIS

LIBRAIRIE COTILLON

F. PICHON, SUCCESSEUR, ÉDITEUR

LIBRAIRE DU CONSEIL D'ÉTAT ET DE LA SOCIÉTÉ DE LÉGISLATION COMPARÉE

24, RUE SOUFFLOT, 24

1897

LE PROJET DE LOI

SUR LA

RÉFORME DU RÉGIME HYPOTHÉCAIRE

PAR

M. DE LOYNES

Professeur de Code civil à la Faculté de Droit
de l'Université de Bordeaux.

———

Extrait de la Revue critique de législation et de jurisprudence.

———

PARIS

LIBRAIRIE COTILLON

F. PICHON, SUCCESSEUR, ÉDITEUR

LIBRAIRE DU CONSEIL D'ÉTAT ET DE LA SOCIÉTÉ DE LÉGISLATION COMPARÉE

24, RUE SOUFFLOT, 24

—

1897

LE PROJET DE LOI

SUR LA

RÉFORME DU RÉGIME HYPOTHÉCAIRE

Un projet de loi sur la réforme hypothécaire a été déposé au nom du gouvernement par le Ministre de la Justice sur le bureau du Sénat dans la séance du 27 octobre dernier.

Les principes généraux qui en inspirent les dispositions auront l'approbation de tous ceux que préoccupe la grave question du crédit immobilier. Le projet tend en effet à généraliser la règle de la publicité, à faire des registres des conservateurs des hypothèques de véritables registres de l'état juridique des immeubles. Cette réforme opérée, il sera facile de dresser la liste exacte et complète des propriétaires successifs d'un immeuble et de connaître les différents droits réels qui démembrent ou affectent le bien ; pour atteindre le but, le projet pose même le principe de la publicité réelle, en ordonnant de tenir un répertoire par immeuble porté sur le registre de la conservation. C'est, il nous semble, l'amorce du feuillet réel qui, inséré dans le registre foncier, substitue la publicité par immeuble à la publicité par nom de propriétaire. Mais le projet ne renferme aucune disposition pour parvenir à l'individualisation des immeubles et nous nous demandons comment les conservateurs des hypothèques pourront établir avec certitude et exactitude ce répertoire par immeuble. La commission extra-parlementaire du cadastre a considéré que, dans l'état actuel des choses, la publicité par registre foncier et par feuillet réel n'était pas immédiatement réalisable ; elle a pensé que la première condition à remplir était la réfection du cadastre pour le mettre en harmonie avec la réalité. Nous serions porté à partager cette appréciation ; nous serions d'avis que ce répertoire par immeuble ne jettera pas sur la situation juridique de ces biens la clarté qui est la base d'un bon régime foncier.

Mais nous n'hésitons pas à donner la plus complète approbation à la disposition du projet empruntée à la tentative de 1850 et à la loi belge du 16 décembre 1851, qui soumet à la formalité de la transcription non seulement les actes translatifs ou constitutifs, mais encore les actes déclaratifs de droits réels immobiliers. Nous montrerons qu'à notre avis les dispositions proposées à cet égard demandent des précisions essentielles.

Nous ne voyons aussi que des avantages dans la disposition qui soumet à la publicité non seulement les mutations entre vifs, mais encore les mutations à cause de mort. Cette réforme était comprise dans le projet de 1850. Elle fut tentée en Belgique en 1851, en France en 1855 ; toujours elle échoua. Nous espérons un meilleur accueil pour le nouveau projet. Nous aurons du reste à présenter quelques observations sur ce point.

Nous applaudissons également à l'idée de soumettre à des règles identiques les actes à titre gratuit et les actes à titre onéreux. La différence que l'on établit généralement entre les uns et les autres disparaît à juste titre. Il n'y a pas de motifs pour permettre aux créanciers chirographaires d'opposer le défaut de transcription d'une donation entre vifs et pour leur interdire de se prévaloir du défaut de transcription d'une vente. Le projet propose de leur refuser ce droit dans tous les cas.

En ce qui concerne les privilèges et hypothèques, les dispositions du projet soulèveront certainement de très vives discussions. Analysons-les sommairement avant d'aborder l'examen des textes proposés. Le projet généralise le principe de la spécialité et de la publicité, déjà consacrés par le Code. Telle est l'affirmation de l'exposé des motifs. Nous aurons à nous demander s'il ne supprime pas la règle qui exige la spécialité dans l'acte constitutif de l'hypothèque conventionnelle et à rechercher si le texte répond bien à la pensée des rédacteurs. Le projet fait disparaître les exceptions que le Code de 1804 avait apportées à ce principe ; ce sera certainemeut l'un des points qui appelleront des critiques que nous prévoyons et que nous indiquerons par avance. En conséquence le projet supprime les hypothèques générales des incapables et l'hypothèque judiciaire. S'il conserve l'hypothèque générale de l'État, il en exige, à l'exemple de l'édit de 1673, la spécialisation dans l'inscription soit quant aux immeubles grevés, soit quant aux créances garanties. Il met ainsi, non pas d'une manière absolue mais dans une très large mesure, un terme aux controverses presque inextricables que soulève le conflit des hypothèques générales avec des hypothèques spéciales. Toutefois, la difficulté se présentera encore et bien plus fréquemment que par le passé, lorsqu'il y aura concours de créanciers inscrits chacun sur un seul immeuble avec des créanciers inscrits sur plusieurs immeubles. Ne serait-il pas à désirer que le législateur pose le principe destiné à en donner la solution ?

Nous croyons donc pouvoir affirmer que les principes généraux du projet de loi rencontreront de nombreux approbateurs. Large publicité des transmissions, de toutes les transmissions de propriété immobilière ainsi que des droits réels immobiliers. Spécialité, publicité des hypothèques, de toutes les hypothèques : ces principes sont aujourd'hui universellement admis ; il est superflu de les justifier. Le temps n'est plus où l'on pouvait écrire, au sujet de l'édit éphémère de 1673 : « Le Parlement « n'eut garde de souffrir un si bel établissement, qui eût coupé « la tête à l'hydre des procès dont il tire toute sa subsistance. Il « démontra que la fortune des plus grands de la Cour s'allait « anéantir par là, et qu'ayant pour la plupart plus de dettes que « de biens, ils ne trouveraient plus de ressources, dès que leurs « affaires seraient découvertes. Ayant su, sous ce prétexte, « engager tant de gens très considérables dans leurs intérêts, ils « cabalèrent si bien qu'il fut sursis à l'édit qui en avait été « donné. » Le temps n'est plus où un magistrat de haute valeur, comme d'Aguesseau, se faisait le défenseur de cette théorie de la clandestinité. La publicité a pour elle l'opinion publique. La sécurité est la condition essentielle des opérations. La publicité des droits réels, la spécialité des charges, peuvent seules la réaliser. Si les principes sont à l'abri de toute discussion, il n'en sera vraisemblablement pas de même de l'application qu'en fait le projet aux hypothèques légales des incapables.

Toutefois les principes ne valent que par la manière dont ils sont mis en œuvre, dont ils sont vivifiés par la pratique. Il nous faut donc étudier à ce point de vue les diverses dispositions du projet. Elles sont réparties en deux chapitres consacrés le premier à la transcription et à ses effets (art. 1 à 11); le second aux privilèges (section I, art. 12 à 16) et aux hypothèques (section II, art. 17 à 41).

§ 1. — *De la transcription.*

Le projet conserve cette formalité; mais il lui fait subir une importante transformation qu'il nous paraît logique d'exposer et d'apprécier avant d'étudier les cas dans lesquels elle est requise et les effets qui y sont attachés.

On sait que, d'après la législation actuelle, la transcription consiste, ainsi que son nom l'indique, dans la reproduction littérale, dans la copie sur les registres du conservateur des hypothèques de l'acte ou du jugement qui constate la transmission entre vifs de la propriété. L'exposé des motifs indique les inconvénients que présente cette manière de procéder : « L'excessif « travail manuel auquel il astreint le personnel des conservateurs, « l'encombrement inévitable que produit dans les bureaux la « multiplicité des registres rendus nécessaires par d'aussi volu- « mineuses écritures et l'insuffisance de place matérielle pour « les ranger commodément. »

En conséquence, l'art. 5 du projet dispose :

« La transcription est opérée :

« 1° Par le dépôt soit d'un extrait analytique ou littéral de « l'acte notarié, du jugement ou de l'acte administratif, conte- « nant les noms, prénoms, qualités et domiciles des parties, la « désignation des immeubles, les prix ou les soultes, les charges « avec leur évaluation, les servitudes et les stipulations restric- « tives, soit d'un original sous seing privé, soit d'un extrait du « testament ou d'un extrait certifié de la déclaration de mutation « par décès;

« 2° Par la mention sur le registre du conservateur du con- « tenu de l'extrait ou de l'original.

« Le conservateur délivre au déposant un certificat de trans- « cription. »

Du moment où le projet de loi n'organisait pas les registres fonciers, du moment où chaque immeuble n'avait pas à la conservation des hypothèques un feuillet spécial, la publicité ne pouvait pas s'opérer, comme en Prusse d'après la loi du 5 mai 1872, et conformément aux dispositions du Code civil allemand, par une simple mention sur le feuillet consacré à l'immeuble. Il fallait recourir à une procédure plus compliquée.

Celle que le projet propose d'établir s'éloigne de la transcription de la loi du 23 mars 1855 ainsi que de la transcription de la loi belge du 16 décembre 1851. Sans doute, la transcription peut être encore la reproduction littérale du titre (extrait littéral); sans doute elle est encore la reproduction littérale du titre, quand il s'agit d'un acte sous seing privé. Mais elle peut ne pas être la reproduction littérale du titre, lorsque celui-ci consiste en un acte notarié, un jugement ou un acte administratif. A ce point de vue, le projet se rapproche du Code civil italien qui organise, dans ses art. 1936 et suiv., spécialement dans son art. 1939, la publicité par la transcription du contenu d'un bordereau qui offre une grande analogie avec l'extrait analytique dont nous venons de parler. Ce bordereau sur lequel doivent figurer les énonciations énumérées dans l'art. 1937, analogues à celles dont parle le projet, doit être littéralement reproduit sur le registre du conservateur.

Mais le Code civil italien édicte une règle uniforme pour tous les actes, qu'ils soient authentiques ou sous seing privé. Il a, du reste, pris certaines précautions en ce qui concerne ces derniers. L'art. 1935 exige que, dans ce cas, les signatures des parties aient été authentiquées par un notaire ou certifiées judiciairement. Dès lors, la transcription consiste, en toute hypothèse, dans la copie du bordereau.

Le projet soumis au Sénat n'a pris aucune mesure pour assurer, avant la transcription, la sincérité des signatures apposées sur l'acte sous seing privé. En cela, il continue la tradition du Code de 1804, et surtout la tradition de la loi de 1855. On comprend très bien cette solution dans une législation où la transcription ne fait pas naître le droit et n'en fait pas preuve à l'égard des tiers, où elle n'a pour but que de le rendre opposable aux tiers s'il existe, et tel qu'il existe, où, en d'autres termes, les registres n'ont pas la force probante des registres fonciers de la loi prussienne de 1872. A ce point de vue, il nous semble que la règle de la loi qui nous régit s'explique, et le projet pourrait avoir eu raison de la conserver du moment où il n'attribuait pas la force probante aux registres. Nous aurions aimé cependant qu'il marquât un premier pas vers ce principe ainsi que vers le principe de légalité, qui donnent plus de sécurité aux transactions immobilières. Nous aurions désiré qu'il s'inspirât sur ce point particulier de la disposition de la loi italienne dont nous venons de parler.

Mais, comme le rôle du conservateur des hypothèques est, d'après nos lois, un rôle purement passif, la transcription, qui consiste dans la mention du contenu de l'original sous seing privé, en sera la reproduction littérale. Nous aurons donc deux formes de transcription : l'un pour les actes sous seing privé, qui en sera la copie littérale, l'autre pour les actes notariés ou administratifs et pour les jugements, qui consistera dans la mention du contenu de l'extrait analytique ou littéral. Nous serions porté à penser qu'il aurait été préférable d'édicter une règle uniforme pour tous les actes; et, après avoir exigé que la signature des parties sur l'acte sous seing privé ait été certifiée, de décider que, dans tous les cas, la transcription consiste dans la copie sur le registre d'un extrait analytique.

D'après la loi italienne, les intéressés sont tenus de remettre au conservateur une expédition ou un original du titre, qui reste déposé dans les archives de la conservation des hypothèques, et deux bordereaux contenant les diverses énonciations dont nous avons parlé. Le conservateur garde l'un des bordereaux et remet l'autre à la partie après avoir certifié au bas la transcription qui a été opérée. Ces règles présentent la plus grande analogie avec celles que notre Code édicte pour l'inscription des privilèges et hypothèques dans les art. 2148 et 2150. La seule différence consiste en ce que, d'après notre Code, le conservateur remet le titre qui lui a été présenté, tandis que, d'après le Code civil italien, il le conserve dans ses archives.

Le projet de loi n'exige pas la représentation du titre, si ce n'est lorsqu'il s'agit d'un acte sous seing privé. Il n'exige pas non plus la remise de deux bordereaux ou extraits et se contente d'un seul. Cet extrait unique doit-il être remis aux intéressés ou conservé par le conservateur des hypothèques? Le projet ne s'explique pas à cet égard. On peut penser que l'extrait ou l'original déposé doit rester entre les mains du conservateur puisque le projet ne dit ni qu'il doit être remis, ni que le certificat de transcription doit être porté au bas de cet extrait. Le conservateur trouverait, dans cette détention de la pièce dont le contenu doit être mentionné sur ses registres, un moyen de se défendre contre les actions en responsabilité dirigées contre lui. On aurait ainsi la certitude morale que cet extrait serait, dans tous les cas, représenté devant la justice pour éclairer la religion des magistrats. Mais, en sens inverse, on peut croire que cet extrait doit être remis aux parties avec le certificat de transcription. Car il est indispensable que ce certificat fasse connaître de la façon la plus précise l'extrait ou l'original dont le contenu a été transcrit, et ce serait trop exiger du conservateur que de lui imposer l'obligation de reproduire sur le certificat qu'il délivre l'extrait ou l'original dont la transcription a été opérée. Nous croyons donc qu'il serait préférable d'emprunter à la loi italienne sa prescription des deux bordereaux ou extraits, dont l'un serait remis aux parties avec le certificat de transcription et dont l'autre demeurerait entre les mains du conservateur. Nous pensons aussi qu'il serait bon de décider que l'un des extraits peut être porté sur le titre même, comme en matière d'inscription hypothécaire (art. 2148). Nous estimons que le titre devrait être présenté au conservateur, après que les signatures de l'acte sous seing privé auraient été certifiées par un notaire ou par telle autre autorité que la loi déterminerait. Enfin, nous voudrions, pour simplifier les écritures des conservateurs et, par suite, pour diminuer les frais, que, dans tous les cas, la transcription consiste dans la copie d'un extrait analytique.

Lorsqu'il s'agit d'une mutation par décès, hypothèse sur laquelle nous reviendrons en étudiant les cas dans lesquels la transcription est requise, des précautions particulières devraient, à notre avis, être prises. Indépendamment d'un extrait du testament ou d'un extrait certifié de la déclaration de mutation par décès, nous inclinons à penser qu'il faudrait exiger la présentation au conservateur d'un certificat de délivrance, d'une copie de l'ordonnance d'envoi en possession ou d'un acte de notoriété établissant la qualité d'héritier. Il importe d'assurer dans la plus large mesure l'exactitude des mentions portées sur les registres du conservateur. La transcription se ferait par la mention de l'extrait ou, suivant nous, de l'extrait en double exemplaire qui accompagnerait ces pièces.

Les explications que nous venons de donner démontrent qu'à nos yeux la transcription consiste dans la copie sur le registre du conservateur de l'extrait qui a été déposé. Si donc, par suite d'une erreur, l'extrait déposé n'avait pas été reproduit sur le registre, le droit ne serait pas opposable aux tiers, sauf la responsabilité du conservateur envers le déposant. A cet égard, la rédaction de l'art. 5 ne nous paraît pas satisfaisante. Le texte porte : « La transcription est opérée : 1° par le dépôt...; 2° par « la mention... » On peut se demander en présence de ce texte de quelle manière la transcription est opérée, si c'est par le dépôt, sauf la responsabilité du conservateur envers les tiers trompés par le défaut de mention, ou si c'est seulement par la mention sur le registre du contenu de l'extrait, sauf la responsabilité du conservateur envers le déposant. Pour plus de clarté et sous le bénéfice des observations précédentes relatives à la présentation des titres, nous proposerions de rédiger le texte de la manière suivante :

« La transcription est opérée par la mention sur le registre du « conservateur de l'extrait analytique dont il va être parlé.

« A cet effet, les parties déposent au bureau de la conservation « des hypothèques de l'arrondissement dans lequel sont situés « les immeubles un extrait analytique contenant, etc... »

L'art. 6 détermine les personnes tenues de requérir la transcription. Il n'appelle aucune observation de principe. Nous ferons seulement remarquer que les jugements d'adjudication et d'autres encore ne sont pas susceptibles de passer en force de chose jugée. Les auteurs du projet ont certainement eu la pensée d'imposer aux avoués l'obligation d'en requérir la transcription. On peut se demander si le texte est bien la traduction fidèle de cette intention.

Passons maintenant aux actes assujettis à la formalité de la transcription. Ils sont énumérés dans les art. 1 et 3 du projet.

L'art. 3 s'applique aux mutations par décès; l'art. 1er, à toutes les autres hypothèses. Occupons-nous d'abord de ces dernières, à l'exemple du projet.

L'art. 1er soumet à la transcription :

« 1° Tous actes et conventions entre vifs, à titre gratuit ou à « titre onéreux, et tous jugements ayant pour effet de constituer, « transmettre, déclarer, modifier ou éteindre un droit réel « immobilier. »

Nous remarquons tout d'abord que le projet ne parle pas de l'antichrèse. La loi du 23 mars 1855 la mentionnait expressément (art. 2, n° 1) et imposait la transcription des actes constitutifs d'antichrèse. Le projet propose-t-il de modifier sur ce point notre législation? Il est superflu d'insister sur les motifs qui ont déterminé les auteurs de la loi de 1855 à soumettre ces actes à la publicité. Il suffit de rappeler que l'antichrèse engendre un droit de rétention et que, dans l'opinion générale, notamment d'après la jurisprudence, ce droit est opposable aux tiers. Est-ce à dire que ce droit est un droit réel immobilier et qu'à ce titre il soit compris au nombre de ceux dont l'acte constitutif doive être rendu public par la transcription, en vertu du n° 1 de l'art. 1er du projet? La question est, on le sait, vivement controversée (V. Baudry-Lacantinerie et de Loynes, *Du nantissement, des privilèges et hypothèques*, t. Ier, n°s 206 et suiv.). Il est donc difficile de dire si l'acte constitutif d'antichrèse restera soumis à la publicité par la transcription, en vertu de la loi nouvelle qu'on propose. Il serait à désirer que le législateur s'explique formellement sur ce point, à l'exemple des auteurs de la loi de 1855, peut-être aussi qu'il profite de l'occasion pour déterminer la nature du droit du créancier antichrésiste, voire même d'une manière générale la nature du droit de rétention.

D'un autre côté la formule du projet paraît beaucoup trop compréhensive. Il parle en termes très larges des actes qui ont pour effet de constituer, transmettre, déclarer, modifier ou éteindre un *droit réel immobilier*. Il paraît donc embrasser dans ses termes tous les droits réels immobiliers. Or, il est généralement admis (Baudry-Lacantinerie et Chauveau, *Des biens*, n° 107; Baudry-Lacantinerie et de Loynes, *op. cit.*, t. II, n° 904) que l'hypothèque est un droit réel immobilier. Même dans l'opinion contraire, elle peut quelquefois avoir ce caractère. Faudra-t-il dire dès lors, en vertu du projet, que les actes constitutifs d'une hypothèque seront soumis à la formalité de la transcription, qu'il en sera de même des actes qui transféreront à un tiers l'hypothèque de la femme mariée, ou une hypothèque accessoire de la créance cédée, qu'il en sera de même des actes portant reconnaissance d'une hypothèque ou renonciation à un droit de cette nature? L'affirmative serait conforme au texte. Telle ne nous semble pas cependant avoir été la pensée des rédacteurs du projet. L'art. 22 peut même en fournir la preuve. La publicité des hypothèques est assurée d'une manière spéciale par les règles du Code que le projet complète à certains égards. Il n'y a pas de motif pour prescrire une transcription qui serait sans avantage et même sans utilité. Il est du reste facile de réparer ce que nous considérons comme un simple *lapsus*. Il suffit d'emprunter à la loi belge du 16 décembre 1851 sa formule et d'ordonner la transcription des actes translatifs, constitutifs ou déclaratifs de droits réels immobiliers *autres que les privilèges et hypothèques*. On pourrait aussi profiter de l'occasion pour résoudre la question controversée à laquelle nous venons de faire allusion.

Le projet soumet à la transcription les actes et conventions entre vifs qui ont pour effet de *déclarer* un droit réel immobilier. Le projet réalise ainsi une réforme qui a été tentée en 1850 par l'Assemblée législative, qui a été également proposée en 1855 et qui a été accomplie en Belgique par la loi du 16 décembre 1851. Mais il nous reste quelques doutes sur l'exacte portée du projet. Il ne faut pas oublier que l'art. 3 assujettit à la transcription les actes déclaratifs des mutations par décès des droits réels immobiliers, au nombre desquels l'exposé des motifs classe les actes de partage, quoiqu'ils soient des actes entre vifs et paraissent rentrer dans l'énumération du n° 1 de l'art. 1er. Or il importe de distinguer les actes qui doivent être transcrits en vertu de l'art. 1er et ceux qui doivent l'être en vertu de l'art. 3, la sanction du défaut de transcription n'étant pas la même dans les deux cas, comme nous le verrons.

Il est donc nécessaire de déterminer les actes déclaratifs auxquels s'appliquent l'une et l'autre disposition. La pensée des rédacteurs du projet ne se manifeste expressément ni dans le texte, ni dans l'exposé des motifs. Si cependant nous en saisissons bien l'esprit, nous croyons qu'on devra dire : L'art. 1er s'applique aux actes déclaratifs d'une mutation entre vifs et l'art. 3 aux actes déclaratifs d'une mutation à cause de mort. Le partage, par exemple, serait régi, suivant les cas, tantôt par l'un, tantôt par l'autre de ces articles. Le partage des immeubles dépendant d'une société dissoute, d'une communauté de biens entre époux, ou d'une indivision résultant d'une acquisition faite en commun, semble bien rentrer dans les prévisions de l'art. 1er. Toutefois, si la société est dissoute par la mort de l'un des associés, la communauté par le prédécès de l'un des époux, la convention pourra être en même temps déclarative d'une mutation entre vifs et d'une mutation à cause de mort. Ne faudra-t-il pas alors appliquer distributivement l'art. 1 et l'art. 3 ? De même la transaction, qu'elle soit déclarative ou translative, semble bien devoir être, en principe, régie par l'art. 1er. Cependant si elle porte sur des droits héréditaires, ne sera-t-elle pas, au moins dans certains cas, soumise à l'art. 3? La loi ne peut évidemment pas prévoir toutes les hypothèses. Il est seulement nécessaire qu'elle pose très exactement et très clairement le principe. Nous désirerions donc que la loi parle non pas seulement *des actes et conventions entre vifs*, mais plutôt des actes et conventions qui *constatent ou déclarent l'acquisition entre vifs* d'un droit réel immobilier, autre que les privilèges et hypothèques.

L'art. 1er du projet assujettit à la formalité de la transcription :

« 2° Les baux excédant douze années, soit par leur terme ori-
« ginaire, soit par l'effet d'un renouvellement. »

Le projet amende la loi de 1855 en ce qu'il soumet à la transcription, non seulement, les baux d'une durée de plus de dix-huit années, mais, même, les baux excédant douze années. Il résout, en outre, une question controversée. Si un bail est renouvelé plusieurs années avant son expiration et si la durée additionnée de ce qui reste à courir du bail commencé et du nouveau bail excède douze années (dix-huit d'après la loi de 1855), la transcription sera-t-elle nécessaire? Le projet propose de résoudre cette question, qui fait actuellement difficulté, dans le sens de la nécessité de la transcription. Il résulte formellement de ce texte que cette formalité est seulement imposée dans le cas de renouvellement, c'est-à-dire dans le cas où le nouveau bail est consenti en faveur du même preneur. Si la convention était intervenue avec un nouveau preneur et si le bail à lui consenti n'excédait pas douze années, il en serait autrement, la transcription ne serait pas requise. Les auteurs du projet ont évidemment été mus par la pensée de prévenir la fraude que les parties pourraient commettre en faisant plusieurs baux destinés à s'exécuter successivement les uns après les autres, dont aucun n'excéderait la durée de douze années. Ils n'ont pas voulu laisser aux parties un moyen facile de se soustraire à la règle de publicité. Ils n'ont pas voulu que les tiers fussent exposés à des erreurs préjudiciables. Lorsque le nouveau bail est consenti à un nouveau preneur, le même danger n'est pas à redouter. Le droit commun de l'art. 1167, C. civ. et de l'art. 684, Pr. civ. a semblé suffisant pour prévenir ou réprimer les fraudes.

Enfin l'art. 1er du projet soumet à la transcription :

« 3° Les actes et jugements portant, même pour bail de « moindre durée, libération ou cession d'une somme supérieure « à une année de loyer ou fermage non échu. »

Le projet réduit ainsi les délais fixés par la loi du 23 mars 1855 qui assujettissait seulement à la transcription les cessions ou quittances d'une somme équivalente à trois années de loyers ou fermages non échus. Il ne nous semble pas douteux que le projet vise aussi les quittances qui, par leur accumulation, forment une somme totale supérieure à une année de loyer ou de fermage non échu, alors même que chacune d'elles ne dépasserait pas la somme annuellement due par le preneur. Autrement il serait trop facile d'éluder la loi. La question sera plus délicate, si l'on se trouve en face de plusieurs cessions de loyers ou fermages ne comprenant chacune qu'une somme égale à une année de jouissance. Il nous paraît, sans difficulté, que la transcription sera nécessaire, si ces diverses cessions sont consenties au même cessionnaire. En sera-t-il de même si elles interviennent au

profit de cessionnaires différents? L'affirmative serait bien rigou-
reuse, quoique le cessionnaire du loyer de la seconde année ait
pu apprendre du débiteur cédé qu'il y avait déjà eu une cession
du loyer de la première année. Elle serait peu conforme au texte,
puisque la cession n'est pas d'une somme supérieure à une année
de loyer ou fermage non échu. Cependant, il faut reconnaître que
le défaut de publicité est de nature à compromettre les droits des
créanciers hypothécaires qui ont traité dans l'ignorance de ces
cessions multiples ou qui n'ont pas dû les prévoir. Il serait donc
préférable d'assujettir à la transcription tout acte ou tout jugement portant libération ou cession d'une somme correspondante
au loyer ou fermage d'une année ou d'une fraction d'année autre
que celle qui est en cours au moment de la quittance ou de la
cession ou qui suit immédiatement cet acte.

Voilà pour les actes qui constatent ou déclarent une constitution, une mutation ou une extinction entre vifs d'un droit réel
immobilier. Nous arrivons, maintenant, aux mutations par décès.
L'art. 3 du projet porte : « Sont aussi rendues publiques les
« mutations par décès de droits réels immobiliers, par la trans-
« cription soit de l'acte constitutif ou déclaratif de la transmission
« de propriété, soit de la déclaration faite au bureau d'enregis-
« trement. »

Tous ceux qui s'intéressent à l'important problème du crédit
immobilier approuveront cette disposition. Il importe, en effet,
que les registres des conservateurs des hypothèques fournissent
le moyen d'établir la généalogie juridique des immeubles, la liste
exacte et complète de leurs propriétaires successifs. A cette condition est subordonnée la possibilité pour le propriétaire actuel
de libérer sa propriété des charges qui la grèvent, dans la mesure
où la loi l'y autorise.

Il ne faudrait pas cependant que les droits de transcription
vinssent s'ajouter aux droits de mutation par décès qui pèsent
déjà si lourdement sur la propriété foncière. On ne peut pas se
contenter de la vague promesse, contenue à cette égard dans
l'exposé des motifs, d'un projet qui aura pour effet de simplifier
les formalités de la transcription et d'alléger les charges des
justiciables de façon à dégrever la propriété foncière. Il faut

qu'une disposition formelle de la loi nouvelle affranchisse expressément les mutations par décès des droits de transcription. C'est une mesure indispensable à une époque où l'on parle chaque jour de dégrever la propriété foncière. Ce serait aller à l'encontre des vœux de l'opinion publique que d'en accroître les charges (1).

Etudions maintenant la disposition de cet art. 3 en elle-même. Nous nous demandons si ses prescriptions suffisent bien pour atteindre le but poursuivi par le législateur. Il n'y aura pas de difficulté si l'acte constitutif de la transmission de la propriété consiste en un legs particulier qui individualise l'immeuble ou chacun des immeubles légués. Il n'y aura pas non plus de difficulté si l'acte de partage spécifie individuellement chacun des immeubles compris dans chacun des lots attribués à chacun des copartageants. Mais il en sera autrement, lorsque la transmission de la propriété s'opérera en faveur d'un unique héritier *ab intestat* ou en faveur d'un seul légataire universel. Le projet preserit alors la transcription des actes déclaratifs de la mutation par décès, et l'exposé des motifs cite, à titre d'exemple, les inventaires et les actes de notoriété. Mais ces actes constatent ordinairement la qualité d'héritier; ils n'indiquent pas les immeubles dont la propriété est transmise. Le projet prescrit aussi la transcription de la déclaration faite au bureau d'enregistrement. On peut se demander d'abord s'il faudra transcrire et le testament qui institue le légataire universel et la déclaration de succession faite par celui-ci, et l'inventaire et l'acte de notoriété et la déclaration de succession faite par l'héritier *ab intestat*. On peut se demander, en outre, comment on procédera lorsqu'un domaine s'étendra sur deux cantons et lorsque les déclarations auront été faites sous le même nom de domaine à des bureaux d'enregistrement différents. On transcrira les deux déclarations. Mais il semblera sur le registre du conservateur exister deux domaines portant le même nom, alors que dans la réalité il n'en existera qu'un seul. Il serait cependant facile de prévenir cet inconvénient

____

(1) Comparez en ce sens un article publié dans la *Gazette des Tribunaux* des 1er et 2 mars 1897.

en rattachant les deux déclarations l'une à l'autre et en ordonnant qu'elles soient transcrites en même temps sous un seul numéro.

Nous nous demandons enfin si cette transcription de la déclaration répond bien au but du projet. Un domaine se compose souvent de parcelles nombreuses réunies dans une même exploitation. On désignera le domaine par son nom. Cette indication générale suffit-elle bien pour avertir les tiers? Donnera-t-elle bien au conservateur les renseignements indispensables pour tenir ce répertoire par immeuble dont parle l'art. 38 du projet? Le domaine ne forme pas une unité immuable. Il peut s'accroître par des acquisitions nouvelles; il peut être divisé par des aliénations partielles. Il pourrait même se faire que quelques-unes des parcelles qui en dépendent aient un compte séparé sur le répertoire de la conservation des hypothèques. Pour jeter la lumière sur tous ces points, il serait nécessaire que la déclaration de succession soit précédée, accompagnée ou tout au moins suivie d'une description détaillée qui serait remise au conservateur au moment de la transcription. Nous sommes convaincu qu'il devrait en être ainsi, et nous émettons le vœu que l'art. 3 soit complété en ce sens. Sans doute, les déclarations de succession deviendront plus difficiles. Sans doute, dans la plupart des cas, il sera indispensable d'avoir recours à un notaire pour les rédiger conformément aux prescriptions de la loi. Mais nous ne voyons que des avantages dans l'intervention de cet officier public auquel, dans la pratique, on a déjà ordinairement recours. Elle permettra d'établir avec plus de sûreté et de clarté la condition juridique des immeubles.

Nons arrivons aux effets de la transcription. Ils sont indiqués par l'art. 2 pour les actes juridiques entre vifs et par l'art. 4 pour les mutations par décès.

Pour les premiers, l'art. 2 édicte une règle générale applicable aux donations entre vifs de la même manière qu'aux actes, à titre onéreux. Nous avons déjà signalé cette réforme. Nous l'avons complètement approuvée. Il est inutile de revenir sur ce point.

La règle contenue dans l'art. 2 n'est que la reproduction pure et simple de l'art. 3 de la loi de 1855 : « Jusqu'à la transcription, « les droits résultant des actes et jugements énoncés en l'article

**

« précédent ne peuvent être opposés aux tiers qui ont des droits sur
« l'immeuble, et qui les ont conservés en se conformant aux lois. »

Le projet emprunte donc à la loi de 1855 sa formule négative.
Or cette formule est devenue la source de très graves difficultés.
Nous aurions préféré que les auteurs du projet, au lieu de déterminer les conséquences du défaut de transcription, eussent pré-
cisé les effets de la transcription opérée, eussent dit, par exemple,
que par la transcription seule les droits résultant des actes et jugements énoncés en l'article précédent deviendraient opposables
aux tiers qui acquerraient dans l'avenir des droits sur l'immeuble
ou qui n'auraient pas à cette date conservé les droits par eux
antérieurement acquis en remplissant les formalités de publicité
prescrites par les lois. De cette manière se trouverait résolue une
question controversée, celle de savoir si la transcription d'un bail
de plus de dix-huit années (douze années d'après le projet) rend
cet acte opposable aux créanciers privilégiés ou hypothécaires
inscrits avant sa transcription (voy. Baudry-Lacantinerie et de
Loynes, *op. cit.*, t. III, n°ˢ 2021 et 2022 et les autorités citées
en sens divers). La solution, que nous proposons ainsi de consa-
crer, a le double avantage, d'une part, d'être conforme à l'opinion générale; d'autre part, de mettre de l'harmonie dans les
décisions du législateur. La servitude, dont l'acte constitutif n'a
été transcrit que depuis l'inscription prise par un créancier hypothécaire, n'est pas opposable à celui-ci. Il est logique d'appliquer
la même règle au bail dont l'efficacité à l'égard des tiers est, à
raison de sa durée, subordonnée à la même condition de publicité. Dans tous les cas, et quelle que soit l'opinion à laquelle on
donne la préférence, il serait bon que le texte résolve formellement la question. Le crédit immobilier est intimement lié à la
valeur du gage. Il est essentiel que les tiers aient la connaissance
la plus précise de la situation juridique de l'immeuble, qui leur
est offert en garantie, et des engagements dont il peut être l'objet,
soit dans le présent, soit dans l'avenir.

L'application aux actes de partage du principe ainsi posé sou-
lèvera, il nous semble, une grave difficulté. Un immeuble dépend
d'une société ou d'une communauté dissoute. Supposons que
cette dissolution résulte d'un événement autre que le décès de

l'un des associés, pour écarter toute mutation par décès. Pendant l'indivision et avant tout partage, l'un des copropriétaires aliène ou hypothèque sa part indivise dans cet immeuble. L'acquéreur ou le créancier hypothécaire fait transcrire ou inscrire. Il ne fait pas opposition au partage. Puis le partage intervient hors de sa présence, les autres copropriétaires ignorant la transcription ou l'inscription. Quelle sera la situation? L'acte de partage ne sera pas opposable à l'acquéreur ou au créancier, au moins, en tant qu'il s'applique à l'immeuble. Il aura donc le droit de provoquer un nouveau partage.

Prenons une autre hypothèse. Le partage a eu lieu. L'immeuble a été attribué à un seul des copropriétaires. Mais l'acte de partage n'a pas encore été transcrit. Un autre des copropriétaires aliène ou hypothèque sa part indivise dans cet immeuble. Transcription ou inscription a été requise de l'acte translatif ou de l'hypothèque, avant la transcription de l'acte de partage. Cet acte n'est pas opposable à l'acquéreur ou au créancier hypothécaire. Ne faut-il pas en conclure que celui-ci a le droit de provoquer un nouveau partage? Il n'a pas pu faire opposition, puisque son droit n'était pas né au moment du partage. N'y a-t-il pas là une dérogation importante à l'art. 882, C. civ.?

Dans toutes ces hypothèses, de graves entraves seront ainsi apportées à la liberté des copropriétaires. On peut même se demander si le nouveau partage sera limité à l'immeuble aliéné ou hypothéqué; si, à raison des arrangements intervenus, ce n'est pas, dans certains cas, le partage tout entier, le partage des meubles aussi bien que des immeubles qui devra être recommencé. Il y a là tout un ensemble de questions, que le projet n'a pas prévues et sur lesquelles il nous paraît nécessaire d'attirer l'attention du législateur.

Parlons maintenant des mutations par décès dont l'art. 3 a ordonné la publicité. L'art. 4 sanctionne cette obligation dans les termes suivants : « Aucune aliénation ou constitution de droits « réels ne peut être opposée aux tiers avant la transcription pres- « crite par l'article précédent. »

Les auteurs du projet n'ont qu'une confiance très limitée dans la diligence de l'héritier. Ils intéressent les tiers à la publicité de la mutation par décès en subordonnant à l'accomplissement de cette condition l'opposabilité des droits par eux acquis.

Il résulte bien clairement du texte que les aliénations ou constitutions de droits réels consenties par l'héritier avant toute transcription n'en sont pas moins valables; ces actes sont seulement destitués d'efficacité à l'égard des tiers. Remarquons de suite que le mot *tiers* est employé dans cette disposition seul, sans aucune explication qui en limite le sens. Ne faut-il pas en conclure qu'il est pris ici dans son acception la plus générale et comprendre sous cette dénomination toute personne qui n'a pas été partie à l'acte translatif ou constitutif et qui est intéressée à ce que l'acte n'existe pas. Voyons quelques applications de ce principe.

Les aliénations ou constitutions de droits réels consenties par l'héritier apparent ne seront pas opposables à l'héritier véritable, si la mutation par décès dont l'héritier apparent paraissait bénéficier n'a pas été rendue publique. Il y a là une limitation de la jurisprudence qui valide, sous certaines conditions, les aliénations et constitutions de droits réels faites par l'héritier apparent. Si la disposition du projet est adoptée, ces conditions ne suffiront plus; il faudra en outre que la mutation par décès ait été rendue publique.

En supposant que les actes aient été consentis par l'héritier véritable, un conflit peut s'élever entre deux acquéreurs successifs du même immeuble ou entre un acquéreur et un créancier hypothécaire. Qui devra-t-on préférer? Aucune difficulté ne se présentera si le premier en date a pris soin de faire publier la mutation par décès au moment où il remplissait avant tout autre les formalités de publicité, transcription ou inscription, requises pour assurer à l'égard des tiers l'efficacité de son droit. Il est évident qu'il n'a rien à craindre. Mais il peut arriver qu'il se contente de requérir la publicité de son propre titre et ne requière pas la publicité de la mutation par décès. Dans cette occurrence qu'arrivera-t-il si cette dernière publicité est requise par le second acquéreur en même temps que la transcription de son acte d'acquisition? La publicité de la mutation par décès ne profitera-t-elle alors qu'à celui qui l'aura requise, de telle sorte que le second acquéreur soit préféré au premier? Ou bien quoique requise par le second acquéreur profitera-t-elle à tous les intéressés, conformément à la règle écrite dans l'art. 1941 du Code civil italien, spécialement au premier acquéreur qui pourra immédiatement opposer son droit aux tiers, en particulier au second acquéreur, pourvu toutefois, comme nous l'avons supposé, qu'il ait le premier fait publier son titre d'acquisition. Il serait nécessaire que le législaleur se prononce à cet égard. Il pourrait décider soit que la publicité de la mutation par décès assure l'efficacité des droits établis antérieurement, pourvu qu'ils aient été conservés conformément aux lois, soit qu'aucun droit même rendu public ne peut être opposé aux tiers si l'acte qui le transfère ou le constitue n'a pas été précédé ou au moins n'est pas accompagné de la transcription prescrite par l'art. 3, pour assurer la publicité de la mutation par décès.

Nous avons fait observer que le mot tiers était employé par l'art. 4 du projet dans son acception la plus générale, qu'aucune limitation ne venait en restreindre la portée. Ne faut-il pas en conclure que les créanciers chirographaires sont compris sous cette dénomination? Ne faut-il pas en conclure que les créanciers chirographaires de l'héritier pourraient saisir les immeubles héréditaires, alors même qu'ils auraient été aliénés par l'héritier et que l'aliénation aurait été transcrite, si la mutation par décès n'a pas été rendue publique? Ne faut-il pas en conclure aussi, que dans la même hypothèse, ils viendraient au marc le franc avec les créanciers auxquels des hypothèques auraient été consenties sur un immeuble héréditaire, alors même que ces hypothèques auraient été inscrites? Ne faut-il pas en conclure aussi que l'héritier vendeur ne pourrait pas opposer son privilège aux créanciers chirographaires de l'acheteur? Ne faut-il pas enfin en conclure qu'il en est de même pour le privilège du copartageant? Voilà des conséquences qui paraissent se déduire logiquement du texte. On pourrait en indiquer d'autres. Il nous suffira d'avoir montré les conséquences du principe, dans l'espoir que le législateur manifestera expressément ses intentions.

Les art. 7 et suiv. traitent de l'action en résolution. Aux termes de l'art. 7, « l'action en résolution de tout acte soumis « à la transcription ne produit d'effets à l'égard des tiers que si la

« cause de résolution a été mentionnée dans l'extrait de l'acte
« transcrit au bureau des hypothèques. » Spéciale à l'action en
résolution, cette disposition ne saurait être étendue aux actions
en nullité ou en rescision qui ne se révèlent pas au moment de
l'acte que ces vices infectent. L'application de cette règle se fera
sans peine lorsque la condition résolutoire sera expresse. L'article 10 le décide spécialement pour la clause d'une donation de
droits réels immobiliers stipulant le rapport en nature. La solution sera-t-elle la même dans le cas de condition résolutoire
tacite, *v. g.* dans le cas de révocation d'une donation pour cause
de survenance d'enfants ou d'inexécution des charges ou de résolution d'une vente pour défaut de paiement du prix ou plus généralement d'un contrat synallagmatique pour inexécution des
conditions (art. 1184, C. civ.)? Ne suffira-t-il pas d'avoir
indiqué la nature du contrat, les créances qui appartiennent à
l'aliénateur pour que les tiers soient avertis? Le soin que prend
le projet de dispenser de la publicité l'action en réduction des
libéralités excédant la quotité disponible, qui peut être considérée
comme un cas de résolution tacite, pourrait faire penser que dans
toutes les autres hypothèses l'observation de l'art. 7 est rigoureu-
sement imposée. Est-ce là la pensée des rédacteurs du projet?
Il serait bon de s'expliquer nettement à ce sujet..

Remarquons que, dans tous les cas où l'action résolutoire se
trouve juxtaposée au privilège du vendeur (l'art. 13 du projet
accroît le nombre de ces hypothèses), l'action résolutoire ne peut
s'exercer après la péremption de l'inscription du privilège
(art. 15 du projet). Nous nous contentons de signaler ici cette
disposition sur laquelle nous reviendrons.

L'art. 8 accorde aux tiers, auxquels la résolution pour inexécution des conditions serait opposable, le droit d'en prévenir les
effets en procurant l'exécution. Ils doivent user de cette faculté
avant que le jugement prononçant la résolution soit passé en
force de chose jugée. Il n'y a là qu'une application du droit
commun. Cependant on peut dire que, en vertu du nouveau
texte, ce droit pourra être exercé après le prononcé du jugement,
tant qu'il n'aura pas acquis l'autorité de la chose jugée, sans
qu'il soit nécessaire d'interjeter appel au préalable.

L'art. 9 apporte au profit des créanciers privilégiés ou hypothécaires une atténuation aux effets des actions en résolution ou en
revendication. Aux termes de l'art. 2125 la résolution du droit du
constituant anéantit rétroactivement l'hypothèque, qui est même
censée n'avoir jamais existé. En conséquence, le créancier ne peut
l'invoquer ni sous la forme du droit de suite, ni sous la forme du
droit de préférence sur les sommes que l'aliénateur, sous condition
résolutoire, peut être tenu de rembourser à l'acquéreur dont le
droit est résolu. Le projet propose de décider que ces sommes
seront distribuées entre les créanciers privilégiés ou hypothécaires
suivant leur rang. Le droit de préférence survivra dans ce cas au
droit de suite et même à l'anéantissement rétroactif du droit de
celui qui avait consenti l'hypothèque. Il y a là une exception au
principe de la rétroactivité de la condition résolutoire accomplie.
Si cette règle était subordonnée à la condition que le droit du
constituant ait été rendu public, conformément à la loi, on pourrait y voir, dans cette mesure très restreinte, une espèce d'affirmation de la force probante des registres du conservateur.

L'art. 9 comprend aussi dans ses dispositions et soumet à la même
règle le cas où les créanciers privilégiés ou les hypothécaires éprou-
vent un préjudice par l'exercice d'une action en revendication. S'il
a eu vue, comme porterait à le faire croire le rapprochement établi
par le texte, l'action en revendication dirigée contre les sous-ac-
quéreurs d'un acquéreur sous condition résolutoire, sa disposition
appelle de nouveau l'observation que nous venons de présenter.
Si, au contraire, l'art. 9 a en vue l'action en revendication dirigée
contre un possesseur, soit de bonne, soit de mauvaise foi, s'il a
pour but d'établir un droit de préférence sur les indemnités dues
au possesseur par le propriétaire qui l'évince, le texte déroge aux
principes les plus certains en faisant ainsi produire effet à une
hypothèque de la chose d'autrui, à un droit qui d'après la jurisprudence est inexistant.

Enfin, par le dernier alinéa de l'art. 5, le projet ordonne que
l'acte ou le jugement qui résout, annule ou rescinde un acte
transcrit, soit mentionné en marge de la transcription. Mais à la
différence de la loi de 1855 (art. 4), il ne sanctionne pas cette
obligation.

§ 2. — *Des privilèges et hypothèques.*

Le deuxième chapitre du projet est consacré aux privilèges et hypothèques. Il n'y est parlé que des privilèges immobiliers et des hypothèques. Il semble donc que les dispositions proposées doivent être sans influence sur les privilèges qui s'exercent sur les meubles, en particulier sur les privilèges mobiliers spéciaux. Cependant ce n'est là qu'une apparence et il importe d'appeler l'attention sur les conséquences, peut-être imprévues, qu'entraînerait certainement l'adoption du texte proposé.

L'art. 33 du projet statue sur les indemnités de sinistres en cas d'incendie ou autres fléaux, contre lesquels un *immeuble* aura été assuré. Il les attribue aux créanciers privilégiés et hypothécaires suivant leur rang et se termine par un dernier alinéa ainsi conçu : « Les art. 2, 3 et 4 de la loi du 19 février 1889 « sont abrogés ». L'exposé des motifs justifie cette disposition dans les termes suivants : « Nous abrogeons, par suite, les art. 2, 3 et 4 de la loi du 19 février 1889, *dont les dispositions se trouvent remplacées par celles qui viennent d'être indiquées.* »

La justification serait complète si la loi de 1889 ne s'appliquait qu'aux privilèges immobiliers et aux hypothèques. Du moment où l'on incorpore dans le projet les dispositions particulières de la loi du 19 février 1889, il est évident que cette dernière n'a plus de raison d'être et il est juste en conséquence d'en abroger les articles relatifs à la matière ainsi réglementée à nouveau. Mais en est-il bien ainsi? Nous ne le pensons pas; la loi du 19 février 1889 n'est pas spéciale aux privilèges immobiliers et aux hypothèques, elle s'applique dans sa généralité à tous les privilèges, même aux privilèges mobiliers. Ainsi, par exemple, le locateur d'un immeuble, privilégié en vertu du nº 1 de l'art. 2102, a le droit d'être colloqué par préférence sur l'indemnité d'assurance due au locataire ou au fermier, à raison de la destruction par l'incendie des meubles garnissant les lieux loués, des ustensiles aratoires, des animaux servant à l'exploitation, des récoltes engrangées, à raison de la mort d'une ou plusieurs têtes de bétail, à raison de la destruction des récoltes par la grêle. Il a aussi, en vertu de la loi de 1889, un droit, dont la nature donne lieu à une sérieuse controverse, sur l'indemnité due par l'assureur en cas d'assurance du risque locatif. Un droit de préférence analogue à celui dont nous venons de parler appartient en particulier au créancier gagiste, au vendeur d'effets mobiliers. Or, en abrogeant les art. 2, 3 et 4 de la loi du 19 février 1889 et en les remplaçant par des dispositions exclusivement relatives aux privilèges immobiliers et aux hypothèques, on supprime ces droits. Si telle n'a pas été la volonté des auteurs du projet, il faut maintenir dans la mesure que nous venons d'indiquer les règles de la loi de 1889. Si, au contraire, le projet s'inspire de la volonté de supprimer ces règles, nous estimons que sa proposition ne doit pas être adoptée. Les considérations qui ont motivé la loi de 1889 n'ont rien perdu de leur puissance; les auteurs du projet le reconnaissent eux-mêmes quand ils disent, dans l'exposé des motifs, que « l'indemnité représente la chose détruite ». Il y a donc lieu, suivant nous, de modifier ou de rectifier le dernier alinéa de l'art. 33 du projet.

Après cette observation préliminaire, nous arrivons à l'étude des propositions relatives aux privilèges immobiliers et aux hypothèques. Elles s'inspirent des deux principes que les auteurs de notre Code avaient consacrés après de longs débats : la spécialité et la publicité. Mais elles introduisent dans nos lois une réforme profonde en les généralisant et en faisant disparaître les exceptions, qui, sur la proposition du Premier consul, y avaient été admises en faveur des hypothèques légales des mineurs, des interdits et des femmes mariées. C'est très certainement la partie du projet qui donnera lieu aux plus vives discussions. Cependant, comme il s'agit de questions débattues depuis longtemps, nous nous bornerons à exposer l'économie du projet, sans nous livrer à des dissertations qui n'auraient pas ici leur raison d'être et excéderaient les bornes d'une étude que nous voulons faire sommaire.

1º Des privilèges.

Par application des principes que nous venons d'indiquer, l'art. 12 du projet supprime les privilèges généraux sur les immeubles, sous la réserve de ce que nous dirons pour le privi-

lège des frais de justice. En conséquence, il abroge formellement les art. 2104 et 2105 du Code. L'art. 2107, qui dispensait
ces privilèges de toute inscription pour l'exercice du droit de
préférence, subit également une modification corrélative. On sait
que les privilèges qui s'étendent sur les immeubles et dont
l'action se trouve restreinte et limitée par le projet, sont les privilèges de l'art. 2101 : frais funéraires, frais quelconques de la
dernière maladie, salaires des gens de service, fournitures de
subsistances. On n'oublie pas qu'il faut ajouter à cette énumération les mois de nourrice, les salaires des ouvriers employés direc-
tement par un failli et ceux des commis des marchands et négo-
ciants. Ces privilèges, d'ailleurs, ne s'exercent sur le prix des
immeubles que subsidiairement et en cas d'insuffisance du mobi-
lier. A ces créanciers, en faveur desquels militent cependant des
considérations d'humanité ou d'ordre public, les auteurs du projet
préfèrent ceux qui ont stipulé des sûretés spéciales. Ceux-ci
n'ont consenti à traiter que sur la foi de ces garanties particulières. Il semble juste qu'aucune atteinte ne soit portée à leurs
droits.

Ajoutons que la publicité de ces privilèges généraux présente
des difficultés assez graves pour que les rédacteurs du Code aient
cru nécessaire de les dispenser d'inscription (art. 2107) ; le projet
faisant de la publicité un principe absolu, on était naturellement
conduit à la suppression de ces privilèges en tant qu'ils affectent
les immeubles du débiteur.

Nous aurions cependant préféré qu'au lieu d'une suppression
pure et simple, le projet se fût borné à indiquer, d'une part, que
les privilèges de l'art. 2101 n'engendreraient qu'un droit de
préférence ; d'autre part, qu'ils ne s'exerceraient jamais qu'après
les créances privilégiées déterminées en l'art. 2103 et qu'après
les créanciers hypothécaires, sur le prix des immeubles spécialement affectés à ces derniers. Dans ces conditions, il n'y aurait
aucun inconvénient à dispenser ces privilèges de toute publicité
et à conserver sur ce point la règle du Code. De cette manière on
aurait prévenu une difficulté que la jurisprudence n'hésitera pas
à trancher dans le sens que nous allons indiquer, mais qu'on
pourra soulever

On ne manquera probablement pas, en effet, de prétendre que le prix des immeubles est la représentation de ces biens, et que les créanciers privilégiés sur la masse mobilière n'ont pas de droit de préférence sur cette créance, qui, substituée à une valeur immobilière, n'est pas affectée de leur privilège : *Privilegia sunt strictissimæ interpretationis.*

Nous estimons que cette argumentation ne serait pas fondée. Nous croyons que la part du prix des immeubles, qui n'est pas absorbée par les créanciers investis d'un privilège immobilier et par les créanciers hypothécaires, rentre dans la masse mobilière, qu'elle est par suite grevée du droit de préférence des créanciers privilégiés de l'art. 2101 et de ceux que nous avons ajoutés à l'énumération de la loi (V. Baudry-Lacantinerie et de Loynes, *Du nantissement, des privilèges et hypothèques et de l'expropriation forcée*, t. I, nº 643). Il nous semblerait cependant utile, pour prévenir toute hésitation, que le projet résolve formellement la question, soit en s'arrêtant à la formule dont nous avons posé les bases, soit en modifiant l'art. 2101 et en décidant que, dans toute distribution par contribution, sont payées, par préférence et dans l'ordre suivant, les créances dont suit l'énumération, c'est-à-dire les créances de l'art. 2101.

En ce qui concerne les privilèges sur les immeubles, le projet propose d'en accroître le nombre. Sont privilégiées :

1º La créance des frais de justice faits pour la réalisation de l'immeuble et la distribution du prix. C'est la consécration de la règle admise sous l'empire du Code. Le privilège est spécial et ne grève que l'immeuble réalisé.

2º — A — La créance du vendeur pour le prix et les charges résultant de l'acte de vente. C'est la conservation de la règle du Code. Le projet ne dit pas si les charges doivent être évaluées sinon dans l'acte de vente, au moins dans l'inscription (Comp. cep. art. 5). L'occasion serait bonne pour résoudre cette difficulté (V. Baudry-Lacantinerie et de Loynes, *op. cit.*, t. II, nº 1659).

2º — B — La créance des échangistes pour les soultes stipulées dans l'acte d'échange. Le projet consacre sur ce point l'opinion unanimement admise sous le Code (Baudry-Lacantinerie et de Loynes, *op. cit.*, t. I, nº 577). Il propose d'en étendre le bénéfice à la créance des dommages-intérêts pouvant résulter d'une éviction. Il y a dans cette solution une innovation considérable. Les auteurs et la jurisprudence sont unanimes à décider que l'échangiste évincé, qui peut d'ailleurs avoir recours à l'action en résolution, n'est pas un vendeur et n'a pas de privilège (Baudry-Lacantinerie et de Loynes, *op. cit.*, t. I, n° 579). Le principe même de cette innovation nous paraît très contestable. Les dommages-intérêts sont calculés non pas sur la valeur de l'immeuble échangé, mais d'après celle de l'immeuble évincé. Il est donc rationnellement difficile d'y voir le prix d'une aliénation et d'admettre de ce chef l'existence d'un privilège. Quoi qu'il en soit, nous entrevoyons en outre bien des difficultés pour l'évaluation de cette créance, qu'il y aurait lieu d'imposer dans l'acte d'échange, le conservateur étant tenu de prendre une inscription d'office, et surtout nous apercevons de graves complications pour le règlement d'un ordre dans lequel figurera une créance aussi incertaine et aussi éventuelle.

2° — C — La créance du donateur pour les charges ou prestations imposées au donataire dans l'acte de donation.

Malgré les arguments invoqués en sa faveur par d'éminents auteurs, l'opinion consacrée par le projet n'avait triomphé ni en doctrine, ni en jurisprudence (V. les autorités citées dans Baudry-Lacantinerie et de Loynes, *op. cit.*, t. I, n° 581). Cette règle nouvelle implique la solution dans le sens de l'affirmative, conformément à l'opinion générale (Baudry-Lacantinerie et Maurice Colin, *Des donations entre vifs et des testaments*, t. I, n° 1555 et suiv.), de la question de savoir si le donateur peut exiger par les voies de droit l'exécution des charges imposées au donataire.

Le texte ne parlant que du *donateur*, du *donataire*, de *l'acte de donation*, ne faudra-t-il pas en conclure que, dans le legs avec charge, aucun privilège n'appartiendra ni aux héritiers ou successeurs du testateur, ni au bénéficiaire de la charge pour en obtenir la stricte exécution?

3° La créance des copartageants, savoir : pour les soultes ou retours de lots, sur les immeubles compris dans le lot chargé de la soulte; pour le prix de la licitation, sur le bien licité; pour la garantie des lots, sur chacun des immeubles compris dans le partage.

Nous ne ferons qu'une seule remarque. D'après le projet, le privilège pour les soultes ou retours de lots frappe seulement les immeubles compris dans le lot chargé de la soulte. Ainsi se trouvera tranchée par le texte une question qui avait été généralement résolue en sens contraire (Baudry-Lacantinerie et de Loynes, *op. cit.*, t. 1, n° 623).

4° La créance des créanciers d'une succession et des légataires dans les termes de l'art. 2111 nouveau du Code civil.

La séparation des patrimoines devient, conformément à la jurisprudence, un véritable privilège. La question était controversée (V. Baudry-Lacantinerie et de Loynes, *op. cit.*, t. 1, n°s 871 et 872).

En conséquence, l'art. 13 du projet, qui modifie, comme nous venons de le voir, l'art. 2103, supprime :

1° Le n° 2 de l'art. 2103 qui accorde un privilège au bailleur des fonds employés à l'acquisition d'un immeuble. Cette disposition paraît inutile : les règles du n° 2 de l'art. 1250 relatif à la subrogation consentie par le débiteur suffisent parfaitement.

2° Le n° 4 du même article établissant un privilège au profit des architectes, entrepreneurs, etc. En conséquence l'art. 2110 relatif à l'inscription de ce privilège est abrogé. Les motifs invoqués à l'appui de cette suppression ne nous paraissent pas convaincants. En effet, il est juste que le constructeur soit colloqué au premier rang sur la plus-value par lui créée et qu'il ne soit pas primé sur ce bien qui est son œuvre, par des créanciers hypothécaires antérieurs. Cette simple considération suffit pour démontrer que la stipulation d'une hypothèque ne sauvegardera pas, dans tous les cas, les intérêts. Nous pensons que le Code était plus prévoyant.

3° Par voie de conséquence, le n° 5 de l'art. 2103 accordant aussi un privilège à ceux qui avaient prêté les deniers employés à payer les architectes, entrepreneurs, etc.

L'art. 14 du projet reproduit avec quelques modifications les art. 2106 et 2107.

Il reproduit l'art. 2106 en supprimant ces mots : sous les seules exceptions qui suivent.

Cette suppression est justifiée en ce qui concerne le premier des principes édictés en ces termes par l'art. 2106 : « Entre les créanciers, les privilèges ne produisent d'effet sur les immeubles que s'ils ont été rendus publics par l'inscription. » Ce principe devient absolu ; dans tous les cas, une inscription est nécessaire, et une seule inscription suffit, le privilège du constructeur, pour la conservation duquel une double inscription était requise, étant aboli.

Cette suppression, au contraire, n'est pas justifiée en ce qui concerne la partie finale de l'article, aux termes de laquelle les privilèges n'ont d'effet qu'à partir de la date de cette inscription. On connaît la difficulté très grave qu'a soulevée cette proposition de l'art. 2106 (V. Baudry-Lacantinerie et de Loynes, *op. cit.*, t. 1, n°s 801 et suiv.). On sait qu'elle signifie, d'après la jurisprudence, que les privilèges doivent être rendus publics au plus tard au moment même de la naissance de la créance privilégiée. Elle ne s'appliquait guère sous l'empire du Code qu'au privilège du constructeur que le projet de loi propose de supprimer. Elle n'a donc plus de raison d'être, si on accepte cette suppression. Elle a d'autant moins sa raison d'être dans le système du projet que les inscriptions de privilège, pourvu qu'elles soient prises dans les délais fixés, ont toujours un effet rétroactif et confèrent au titulaire de cette sûreté le droit d'être préféré aux créanciers hypothécaires du nouveau propriétaire. Dès lors, il n'est plus exact de dire que les privilèges produisent seulement effet à partir de la date de leur inscription : il suffit donc de poser le principe que leur efficacité est subordonnée à la condition d'une inscription requise dans les délais fixés par les articles suivants.

L'art. 14 reproduit l'art. 2107, mais naturellement en limitant à la créance des frais de justice la dispense de publicité qui, d'après le Code, profitait à tous les privilèges généraux sur les immeubles. Il serait peut-être bon de dire expressément, comme le faisait l'art. 2104, que la créance des frais de justice est colloquée au premier rang et avant toute autre.

L'art. 16 du projet modifie l'art. 2108 relatif à la conservation du privilège du vendeur d'immeuble et l'art. 2109 relatif à l'inscription du privilège du copartageant.

Le nouvel art. 2108 soumet à une règle uniforme les privilèges du vendeur, du donateur, de l'échangiste et du copartageant. Il exige pour leur exercice qu'ils aient été conservés par une inscription encore existante. Par conséquent la transcription, quoiqu'elle soit requise dans toutes ces hypothèses, ne remplace plus l'inscription. La règle contraire, édictée par le Code en ce qui concerne le privilège du vendeur, est abrogée.

Le projet exige, en outre, que cette inscription ait été prise dans le délai de 30 jours à partir de l'acte; mais il charge de ce soin le conservateur des hypothèques, qui est tenu de l'opérer au moment de la transcription du titre d'où résulte le privilège.

A défaut d'inscription, aucun de ces créanciers ne peut se faire colloquer par préférence, sauf son recours contre le conservateur. C'est un retour à la loi du 11 brumaire an VII.

Si le privilège a été inscrit dans le délai de trente jours, il est conservé comme tel et le texte décide formellement que le privilège emporte alors préférence sur toute inscription prise du chef du nouveau propriétaire. C'est probablement parce que le principe était ainsi très nettement et très exactement posé que les auteurs du projet ont supprimé le 2ᵉ alinéa du nᵒ 1 de l'art. 2103, relatif au cas de plusieurs ventes successives. Il est évident, que si ces différents vendeurs n'ont pas été désintéressés, le premier vendeur sera préféré au second, le deuxième au troisième et ainsi de suite. Cet ordre de collocation est la conséquence du principe que le privilège ne confère de préférence, qu'à l'encontre des créanciers hypothécaires du nouveau propriétaire. On peut aussi rattacher la suppression de ce deuxième alinéa du nᵒ 1 de l'art. 2103, à l'abrogation de l'art. 2108, C. civ.

Il résulte très clairement du texte que le privilège du copartageant, pourvu qu'il ait été inscrit dans les trente jours à partir de l'acte, assure un droit de préférence à l'encontre de tous les créanciers du copropriétaire auquel l'immeuble a été attribué par le partage, même à l'encontre de ceux dont l'hypothèque aurait été inscrite pendant l'indivision et avant le partage (Voy. en ce sens sous l'empire du Code, Baudry-Lacantinerie et de Loynes, *op. cit.*, t. I, n° 839).

Mais le texte ne parle que du droit de préférence. Que décider en ce qui concerne le droit de suite? L'inscription requise dans le délai de trente jours conserve-t-elle le privilège à l'encontre d'un tiers acquéreur, dont le titre aurait été transcrit avant l'inscription du privilège? La loi du 23 mars 1855 avait expressément prévu cette hypothèse. Par son art. 6, elle accordait un délai de quarante-cinq jours pendant lequel le vendeur et le copartageant pouvaient faire utilement inscrire leurs privilèges, nonobstant toute transcription d'actes faits dans ce délai. Or, aucun texte du projet ne reproduit cette disposition. Bien plus, l'art. 11 abroge formellement la loi du 23 mars 1855. Faudra-t-il en conclure que le droit de suite est éteint, quoique l'inscription du privilège ait été faite ou requise dans les trente jours, si elle est postérieure à la transcription d'une nouvelle aliénation? La conséquence semble nécessaire. Nous croyons cependant qu'il y a là une simple inadvertance : nous nous refusons à penser que les auteurs du projet aient eu la volonté de sacrifier les droits les plus respectables, ceux du vendeur, de l'échangiste, du donateur, du copartageant. Il est donc nécessaire de modifier ou de compléter la disposition du projet sur ce point, ou mieux, de donner une nouvelle rédaction à l'art. 2166.

Si, au contraire, l'inscription n'est faite qu'après l'expiration du délai de trente jours, la sûreté a perdu son caractère privilégié, elle dégénère en hypothèque (art. 2113); le créancier ne prend rang qu'à la date de l'inscription.

L'art. 15 du projet remplace l'art. 2109 par la disposition suivante : « L'action résolutoire et l'action en folle enchère ne « peuvent s'exercer après la péremption de l'inscription du « privilège. »

De ce texte, il résulte que ces actions ne pourront plus être exercées toutes les fois que le privilège n'aura pas été conservé comme tel, par une inscription prise et renouvelée en temps utile. Par conséquent, dans tous les cas où le privilège sera dégénéré en hypothèque, on ne pourra intenter ni l'action résolutoire, ni l'action en folle enchère.

En assimilant l'action résolutoire et l'action en folle enchère, et en les soumettant à la même règle, le texte propose de résoudre d'une manière satisfaisante une controverse qui s'agitait sous l'empire de la loi du 23 mars 1855 (Voy. *Jurisp. gén.*, v° *Transcription*, n° 613 et *Supplément, eod. v°*, n° 209) et qui était vraisemblablement née d'un oubli des auteurs de cette loi.

Mais à quelle action résolutoire s'appliquera le nouveau texte? Vraisemblablement à l'action en résolution pour inexécution par l'une des parties de ses engagements (art. 1184). Cela s'entend sans peine de l'action en résolution de la vente pour défaut du paiement du prix (art. 1654). Cela s'entend aussi de l'action en résolution de l'échange, intentée par le copermutant évincé (art. 1705). Cela s'entend-il aussi de l'action en révocation de la donation pour inexécution des charges, qu'on n'a pas l'habitude de désigner sous le nom d'action résolutoire? La circonstance que le projet propose d'établir un privilège dans cette hypothèse, et qu'il associe intimement le privilège et l'action résolutoire pourrait faire pencher vers l'affirmative; mais il serait à désirer que le texte prévît cette hypothèse avec précision.

D'un autre côté, l'art. 7 de la loi de 1855 avait pris soin d'expliquer qu'il s'appliquait à l'action résolutoire établie par l'art. 1654, C. civ. La question de savoir si l'action résolutoire expresse prévue par l'art. 1656 est soumise à cette disposition fait difficulté (Voy. *Jurisp. gén.*, v° *Transcription*, n° 621, et *Supplément, eod. v°*, n° 210). La généralité des termes du nouvel article proposé porte à penser qu'une même règle régit l'une et l'autre. Une disposition formelle serait cependant utile.

Enfin on peut se demander si le texte vise également le cas où une disposition formelle soit de l'acte de partage, soit du cahier des charges de l'adjudication sur licitation lorsqu'un des colicitants se porte adjudicataire, autorise l'action en résolution ou la poursuite en folle enchère en cas d'inexécution par l'une des parties de ses engagements ou de non-paiement du prix. Ne serait-il pas à désirer que le projet s'expliquât à cet égard?

L'art. 16 réglemente la séparation des patrimoines et remplace l'art. 2111. Après en avoir fait un privilège véritable par le nouvel art. 2103, le projet exige que le privilège, sous peine de dégénérer en hypothèque et de ne prendre rang qu'à sa date, soit inscrit dans les trois mois (au lieu de six), à partir de l'ouverture de la succession. Il décide, en outre, que l'inscription est rayée sur le seul consentement de ceux qui l'ont requise ou (ne serait-il pas plus exact de dire *et*) de ceux qui ont fait mentionner leurs droits en marge. Le soin qu'on a pris d'expliquer qu'une inscription peut être prise après expiration de ce délai de trois mois, tant que l'immeuble n'a pas fait l'objet d'une aliénation transcrite, signifie-t-il que l'inscription prise dans les trois mois, conserve le droit de suite comme le droit de préférence et rétroagit aussi bien à l'encontre des tiers acquéreurs, qu'à l'encontre des créanciers hypothécaires de l'héritier? C'est une question qui vient naturellement à l'esprit et que ne résolvent ni le texte, ni l'exposé des motifs.

Il nous eût paru plus simple et plus logique d'aller jusqu'à la dernière des évolutions de la séparation des patrimoines, d'en faire un privilège absolument individuel, de décider que les créanciers héréditaires inscrits dans les trois mois viendraient en concours entre eux et par préférence aux légataires même inscrits dans ce laps de temps, et que les uns et les autres seraient préférés tant aux créanciers de l'héritier, inscrits avant l'expiration de ce délai, qu'aux autres créanciers héréditaires ou légataires qui n'auraient pas fait inscrire leur privilège en temps utile, ou qui n'auraient requis inscription à leur profit, qu'à une époque postérieure. On résoudrait ainsi les questions les plus graves sur lesquelles la jurisprudence ne se forme pas sans peine.

2° Des hypothèques.

L'art. 17 du projet édicte dans les termes les plus absolus le double principe de la spécialité et de la publicité de toutes les hypothèques.

En conséquence il abroge l'art. 2122 aux termes duquel le créancier investi d'une hypothèque légale peut exercer son droit sur tous les immeubles appartenant à son débiteur et sur ceux qui pourront lui appartenir dans la suite. Nous comprenons cette abrogation en ce qui concerne les hypothèques légales des mineurs, des interdits et des femmes mariées, dont le projet règle menté les droits ; nous la comprenons encore en ce qui concerne le Trésor, dont les droits sur les biens des comptables sont fixés par une loi du 5 septembre 1807 ; nous ne la comprenons pas en ce qui concerne les communes et les établissements publics auxquels l'art. 2121 accorde une hypothèque légale, dont l'étendue était déterminée par l'art. 2122 et ne sera plus déterminée par aucun texte si le projet est adopté.

L'art. 17 abroge pour le même motif l'art. 2130 qui permettait à un débiteur d'hypothéquer, dans certains cas, ses biens à venir. Nul ne regrettera vraisemblablement cette disposition qui n'existe plus en Belgique, et qui n'existe pas davantage en Italie.

Mais l'art. 17 abroge également l'art. 2129 aux termes duquel le débiteur qui consent une hypothèque conventionnelle doit, soit dans le titre authentique constitutif de la créance, soit dans un acte authentique postérieur, déclarer spécialement la nature et la situation de chacun des immeubles lui appartenant actuellement, sur lesquels il consent l'hypothèque de la créance. Il se contente d'exiger que l'inscription soit prise pour une somme fixe et sur des immeubles désignés.

La spécialité dans l'acte constitutif de l'hypothèque conventionnelle avait le double avantage de préparer la spécialité dans l'inscription et de ménager le crédit du débiteur. Nous ne verrons pas sans regret abroger la disposition de l'art. 2129. Il est en effet à craindre que cette abrogation n'engendre de graves dangers. Les actes par lesquels un débiteur consentira l'hypothèque de tous ses immeubles présents se multiplieront. Le règlement des ordres en deviendra plus laborieux. N'est-il pas étrange en outre qu'on abroge le seul texte qui prohibe l'hypothèque des biens à venir et qu'on paraisse ainsi autoriser les hypothèques générales que notre ancienne jurisprudence a connues, que le Code a proscrites et que les auteurs du projet n'ont certainement pas eu la pensée de restaurer ?

L'art. 17, en consacrant le principe de la publicité dans des termes absolus, le sanctionne par une disposition ainsi conçue : « A défaut d'inscription, l'hypothèque ne peut être opposée aux tiers qui ont des droits sur l'immeuble et les ont conservés en se conformant aux lois. » Il résulte clairement de ce texte que la publicité est requise seulement à l'égard des tiers acquéreurs, soit de la propriété, soit d'un droit d'usufruit, de servitude, etc., et des créanciers privilégiés ou hypothécaires. En conséquence, il paraît logique de conclure que l'hypothèque, même non inscrite, sera opposable aux créanciers chirographaires. Cependant l'art. 18 du projet reproduit l'art. 2134 du Code civil, en y supprimant toutefois les mentions relatives à l'hypothèque judiciaire et à l'exception établie au profit des hypothèques légales des incapables. Fixant le rang des hypothèques, le nouveau texte dit, en effet : « Entre les créanciers, l'hypothèque, soit légale, soit conventionnelle, n'a de rang que du jour de l'inscription prise sur les registres du conservateur dans les formes et de la manière prescrites par la loi. » Or il est à peu près universellement admis sous l'empire du Code (Voy. Baudry-Lacantinerie et de Loynes, *op. cit.*, t. II, n° 1440) que les créanciers chirographaires sont compris dans les expressions générales de l'art. 2134 et qu'ils peuvent opposer le défaut d'inscription de l'hypothèque. Conçu dans des termes identiques, le nouvel art. 2134 aurait-il le même sens? S'il en était ainsi, il serait en opposition avec l'art. 17 qui réserve le droit de se prévaloir du défaut d'inscription « aux tiers qui ont des droits sur l'immeuble et les ont conservés en se conformant aux lois. » La même difficulté se présenterait pour les privilèges; car l'art. 2106 parle d'une manière générale des créanciers et subordonne à la condition d'une inscription, l'opposabilité des privilèges même aux créanciers chirographaires. Nous appelons l'attention sur ce point, et pour le cas où l'on voudrait accorder au créancier qui n'a pas fait inscrire son hypothèque le droit d'invoquer cette cause de préférence à l'encontre des créanciers chirographaires (réforme dont le principe nous paraît extrêmement contestable), nous proposerions d'ajouter au nouvel art. 2134 le mot hypothécaires : « entre les créanciers hypothécaires... » Il faudrait peut-être aussi modifier dans le même sens l'art. 2106 et déterminer l'ordre de préférence entre les créanciers privilégiés et hypothécaires non inscrits. Toutes ces difficultés disparaîtraient par la suppression du 3ᵉ alinéa de l'art. 17 du projet.

L'art. 18 abroge l'art. 2135. Le rang de l'hypothèque légale des mineurs, des interdits et des femmes mariées est déterminé par la date de l'inscription qui doit en être requise en vertu de l'art. 17.

On contestera certainement la valeur et l'opportunité de cette réforme, qui soumet les hypothèques légales au droit commun. Nous ne voulons pas entrer dans cette discussion qui nous entraînerait hors des limites que nous nous sommes tracées. Nous ferons seulement observer que la règle proposée peut se prévaloir de l'exemple de la Belgique (L. du 15 décembre 1851, art. 52 et suiv., art. 64, art. 81) et de l'Italie (C. civ., art. 1982 et suiv.). En admettant que les hypothèques légales des mineurs, des interdits et des femmes mariées soient, conformément au droit commun, assujetties à la formalité de l'inscription, comme le propose le projet, nous voyons un véritable danger à leur appliquer l'art. 2154, C. civ., et à exiger que l'inscription soit renouvelée avant l'expiration du délai de dix ans. Les auteurs du projet auraient été bien inspirés, suivant nous, s'ils avaient dispensé cette inscription du renouvellement pendant la durée de la tutelle ou du mariage et pendant une année à partir de la cessation de la tutelle ou de la dissolution du mariage. C'est la règle prudente écrite dans l'art. 90 de la loi belge du 16 décembre 1851. C'est la règle édictée par l'art. 2004 du Code civil italien pour l'hypothèque légale de la femme mariée. Ce Code n'avait pas besoin de dispenser de renouvellement l'inscription de l'hypothèque légale du mineur; l'inscription conserve l'hypothèque pendant trente ans à compter de sa date; mais il laisse sous l'empire des principes du droit commun l'inscription de l'hypothèque légale de l'interdit. Nous ne comprenons pas pourquoi les rédacteurs du projet se montrent plus sévères pour les mineurs, les interdits et les femmes mariées, auxquels la loi doit sa protection pendant la durée de la tutelle et du mariage, que pour le Crédit foncier de France, auquel l'art. 47 du décret du 28 février 1852 accorde une faveur véritablement exorbitante.

Remarquons que la garantie, résultant de l'hypothèque établie par la loi au profit de ces personnes, peut être remplacée en tout ou en partie ou complétée, quand il s'agit d'un tuteur, par un cautionnement (art. 21 et 26 du projet). Nous nous bornons à signaler cette disposition, qui mérite spécialement l'attention du législateur (Comp. C. civil italien, art. 292 relatif à la tutelle).

Ne parlons que de l'hypothèque légale. Le projet de loi veut qu'elle soit spécialisée. Cette spécialisation frappera les immeubles grevés d'une sorte d'indisponibilité, au moins lorsqu'il s'agira de l'hypothèque légale de la femme mariée et que les époux seront mariés sous le régime dotal. La femme ne pourra pas renoncer à son hypothèque légale pour ses droits dotaux. L'acquéreur qui voudra libérer son immeuble remplira les formalités de la purge. Le montant de la collocation de la femme ne pourra pas être déterminé dans certains cas; il y aura lieu au dépôt de tout ou partie du prix à la Caisse des dépôts et consignations, au grand préjudice de tous. Ne faudrait-il pas édicter une règle spéciale en vue de ce régime?

Occupons-nous d'abord de l'application de ce principe à l'hypothèque de la femme mariée. Cette hypothèque doit être spécialisée dans le contrat de mariage. Sous l'empire du Code, elle *pouvait* l'être quant aux immeubles grevés (art. 2140, C. civ.). Si le projet est adopté, elle *devra* l'être.

Elle doit être spécialisée quant à la somme qu'elle garantit. Le Code n'a pas traité cette question. Appliquant le droit commun à l'hypothèque légale de la femme mariée, le projet devait nécessairement édicter cette règle. L'art. 19 décide, en conséquence, que le contrat de mariage déterminera la somme pour laquelle la femme aura hypothèque en raison de sa dot et de ses conventions matrimoniales. Qu'il faille classer dans cette catégorie tous les avantages stipulés au profit de la femme dans le contrat de mariage et ceux qui peuvent résulter de cet acte en vertu de la loi, notamment les gains de survie : c'est ce qui n'est pas douteux. Faut-il également y comprendre les successions que la femme pourrait être appelée à recueillir pendant le mariage, les donations ou les legs qui lui seraient faits, si elle avait le droit d'en exercer la reprise? Faut-il y comprendre les récompenses qui pourraient lui être dues, notamment à raison des obligations qu'elle contracterait conjointement ou solidairement avec son mari, ou des ventes qu'elle consentirait de ses biens personnels? L'inscription d'hypothèque qu'elle aurait prise en conséquence de cette évaluation éminemment aléatoire, lui conférerait-elle un rang déterminé par sa date, ou bien l'hypothèque dont la femme aurait fixé le chiffre de ce chef ne pourrait-elle être inscrite que du jour de l'ouverture des successions, du jour où les donations auront eu leur effet, du jour de l'obligation ou du jour de la vente, et ne pourrait-elle en conséquence frapper, comme aujourd'hui, que des immeubles appartenant au mari à ces diverses époques? Faut-il encore comprendre sous cette dénomination les frais d'une instance en séparation de biens, en séparation de corps ou en divorce? Ce sont là autant de questions fort graves. Quelques-unes sont actuellement controversées. Il importerait de les résoudre par un texte formel. N'y aurait-il pas lieu de tenir compte des considérations que le Tribunat avait fait valoir et qui ont déterminé le Conseil d'Etat à donner à l'hypothèque légale un rang variable avec les créances garanties? (Voy. en ce sens C. civ. italien, art. 1969. — Voy. en sens contraire Loi belge du 16 décembre 1851, art. 64.) Si l'art. 20 du projet, qui suppose le cas où une inscription deviendrait nécessaire pendant le mariage, vise quelques-unes de ces hypothèses, il nous paraîtrait naturel de le dire plus clairement pour prévenir toute incertitude.

D'après l'art. 19, l'hypothèque légale de la femme doit également être spécialisée quant au gage hypothécaire. A cet effet, le contrat de mariage désignera les immeubles du mari qui seront grevés de l'hypothèque. A défaut de convention, cette hypothèque frappera tous les immeubles présents du mari. Il nous semblerait logique d'imposer à celui-ci l'obligation de déclarer dans le contrat les immeubles qui lui appartiennent et leur situation, comme le porte l'art. 1982 du Code civil italien.

Le projet permet de surseoir à l'inscription de l'hypothèque légale de la femme, mais il interdit de convenir que nulle inscription ne sera jamais prise. Nous entrevoyons bien des difficultés dans cette disposition. Le sursis peut être tellement prolongé qu'il équivaille à une véritable renonciation au droit de prendre inscription. Les tribunaux ne devront-ils pas alors prononcer la nullité de la clause? S'il en est ainsi, cette règle deviendra une source de procès entre époux. Ne serait-il pas sage de les prévenir? Enfin, le sursis est de nature à compromettre d'une manière quelquefois irrémédiable les droits de la femme, puisque l'efficacité de l'hypothèque est subordonnée à la publicité et dépend de la date de l'inscription. Pour ménager la transition entre la législation ancienne et la législation nouvelle, pour éviter toute surprise, ne serait-il pas plus prudent de ne pas autoriser une semblable clause?

Le projet n'a pas déterminé les personnes qui auraient le droit ou seraient tenues de l'obligation de requérir inscription de l'hypothèque ainsi spécialisée par le contrat de mariage. Il parle seulement d'un avertissement que le notaire doit donner aux parties. N'y aurait-il pas lieu de combler cette lacune? Nous serions même assez disposé, à l'exemple du Code civil italien (art. 1982), à imposer cette obligation au notaire qui aurait reçu le contrat de mariage, sous sa responsabilité personnelle.

Si la femme acquiert au cours du mariage de nouvelles créances contre son mari, *v. g.* par succession, donation, legs, ou à la suite de la vente de ses propres, d'obligations par elle contractées conjointement ou solidairement avec son mari, et si ces créances n'ont pas été comprises dans l'évaluation faite par le contrat de mariage de la dot et des conventions matrimoniales, soit qu'elles n'aient pu être évaluées, soit qu'elles ne l'aient pas été, soit qu'elles ne l'aient été que d'une manière insuffisante en supposant qu'elles fassent partie des créances que le projet appelle dot et conventions matrimoniales, l'art. 30 impose au mari et à la femme, sans que celle-ci ait besoin d'aucune autorisation, et permet aux parents et alliés de la femme en ligne directe et en ligne collatérale au degré de frère, de sœur, d'oncle et de tante, mais seulement avec l'autorisation du président du tribunal du domicile du mari, de requérir l'inscription. Ne serait-il pas plus pratique d'imposer cette obligation au notaire, lorsque les droits de la femme sont constatés par un acte notarié ou résultent d'un acte notarié?

Prévoyant les subrogations à l'hypothèque légale de la femme (cessions, renonciations), qui seront probablement moins fréquentes qu'aujourd'hui, l'art 22 reproduit le premier alinéa de l'art. 9 de la loi du 23 mars 1855; mais il omet le deuxième alinéa qui règle l'ordre de préférence entre les subrogés successifs. Comme le projet abroge la loi du 23 mars 1855, il nous -

paraîtrait utile, peut-être même nécessaire, d'emprunter à cette loi la disposition qu'elle contient à cet égard. Une loi ne saurait être trop claire, ni trop précise.

L'alinéa 2 de l'art. 22 réglemente la renonciation à l'hypothèque légale au profit de l'acquéreur d'un immeuble qui en était grevé. Il est destiné à remplacer la loi du 13 février 1889, qui avait complété l'art. 9 de la loi de 1855 et dont le projet propose l'abrogation expresse (art. 11). Il décide que cette renonciation emporte l'extinction de cette hypothèque à partir soit de la transcription de l'acte d'aliénation si la renonciation y est contenue, soit de la mention en marge de la transcription de l'acte d'aliénation, si la renonciation a été faite par un acte distinct. De cet article faut-il conclure que le droit de préférence disparaît avec le droit de suite, contrairement au sens naturel de la convention et à la solution consacrée par la loi de 1889? Verrons-nous renaître les controverses auxquelles cette loi avait eu pour but de mettre un terme?

Enfin, l'art. 23 permet à la femme, *sous tous les régimes,* par conséquent même sous le régime dotal, de consentir antériorité à son hypothèque, lorsqu'il s'agit de constructions ou de réparations ayant pour but de conserver ou de réparer les immeubles grevés. Cette disposition est peut-être une conséquence de la suppression du privilège du constructeur; mais elle est grave : la femme sera primée par ce créancier, non seulement sur la plus-value comme en vertu du Code, mais sur la valeur intégrale de l'immeuble.

L'hypothèque légale du mineur et de l'interdit est soumise à des règles analogues, lorsqu'elle n'a pas été remplacée par un cautionnement, en vertu de l'art. 26.

Ce qui, d'après le Code, peut être fait par l'acte de nomination du tuteur (art. 2141 et 2143), deviendra une obligation aux termes de l'art. 24 du projet. Dans toute tutelle, le conseil de famille sera appelé à désigner les immeubles sur lesquels portera l'hypothèque légale et à fixer la somme pour laquelle l'inscription, à moins de dispense ou de sursis (art. 25), sera prise (Comp. sur ce point la loi belge du 16 décembre 1851, art. 49 et suiv., qui renferme une réglementation très détaillée, et le Code civil italien, art. 292). Le projet réserve au conseil de famille le droit d'étendre cette hypothèque et d'accroître le cautionnement dans le cas où les garanties données aux mineurs ou à l'interdit seraient devenues insuffisantes (art. 27).

Le projet (art. 24) impose au tuteur et au subrogé-tuteur l'obligation de requérir l'inscription de cette hypothèque. A l'exemple de la loi belge et contrairement aux règles de notre Code (art. 2139) et du Code civil italien (art. 1983), il n'accorde ni aux parents, ni à un membre du conseil de famille spécialement délégué à cet effet (Voy. à ce sujet loi belge, art. 53), ni aux amis du mineur la faculté de requérir cette inscription. Nous regrettons qu'il ne sanctionne pas l'obligation imposée à ce sujet à certaines personnes aussi énergiquement que la loi belge (art. 52) et le Code civil italien (art. 1984). Nous regrettons qu'il n'ait pas associé le greffier de la justice de paix à l'accomplissement de cette mesure conservatoire, soit en lui imposant l'obligation de requérir l'inscription, comme le fait le Code civil italien (art. 1983), soit au moins en lui fournissant le moyen de contrainte indirect imaginé par le législateur belge (art. 54).

L'art. 28 réglemente la réduction des hypothèques légales pendant la durée du mariage ou de la tutelle. L'étendue du gage hypothécaire ayant été fixée ou spécialisée avant la célébration du mariage ou à l'époque d'ouverture de la tutelle, les art. 2143 et suiv. n'ont plus de raison d'être. D'un autre côté, l'art. 2161, C. civ., ne s'appliquait qu'aux hypothèques générales, peut-être même seulement à l'hypothèque judiciaire. Il ne prévoyait donc pas notre hypothèse. Une disposition nouvelle était nécessaire : elle est édictée par cet art. 28 et remplace l'art. 2161, C. civ. Elle semble inspirée par les art. 60 et 72 de la loi belge du 16 décembre 1851.

L'art. 29 supprime l'hypothèque judiciaire, comme le proposait le projet de 1850 et comme l'a fait en Belgique la loi du 16 décembre 1851. Nous croyons que ce n'est pas le lieu d'aborder la discussion, que ne manquera certainement pas de soulever cette proposition (Voy. à ce sujet, Baudry-Lacantinerie et de Loynes, *op. cit.*, t. II, n° 1278). En conséquence sont abrogés les art. 2117 al. 2 et 2123, C. civ.

L'art. 33 abroge, comme nous l'avons déjà dit, les art. 2, 3 et 4 de la loi du 19 février 1889 relative à l'attribution des indemnités d'assurances et les remplace par une disposition nouvelle écrite en faveur des créanciers investis d'un privilège immobilier ou d'une hypothèque. Cet article réserve au débiteur le droit d'appliquer l'indemnité à la réparation de l'immeuble. C'est une utile réforme et la consécration d'une règle que nous avions exprimé le regret de ne pas rencontrer dans la loi de 1889 (Voy. Baudry-Lacantinerie et de Loynes, *op. cit.*, t. I, n° 282 et t. II, n° 1396).

Le projet propose de soumettre à la même règle les indemnités dues par des tiers en raison de la perte ou de la détérioration de l'immeuble grevé, *v. g.*, l'indemnité due en cas de sinistre par le locataire ou le voisin en vertu des art. 1733 et 1382, C. civ.

Cet art. 33 prévoit le cas où *un immeuble* aura été assuré soit contre l'incendie, soit contre tout autre fléau. L'expression *immeuble* a été probablement employée dans un sens très large et très étendu; il est vraisemblable qu'elle comprend non seulement les immeubles qui sont *principaliter* susceptibles d'hypothèques, mais encore leurs accessoires réputés immeubles, frappés à ce titre par l'hypothèque établie sur le fonds, comme les récoltes assurées contre la grêle, le bétail devenu immeuble par destination et assuré contre la mortalité, les instruments aratoires, etc., qui sont aussi devenus immeubles par destination et qui seraient assurés contre l'incendie. Si telle est la pensée des auteurs du projet, ne serait-il pas bon que le texte s'expliquât formellement sur ce point en parlant à la fois de l'immeuble et de ses accessoires réputés immeubles?

Telles sont les principales dispositions du projet de loi sur la réforme hypothécaire, celles sur lesquelles il nous a paru utile d'appeler l'attention. Les questions soulevées sont infiniment graves. Elles intéressent le crédit public et les droits des incapables que le législateur a mission de sauvegarder. Sous l'empire de ce double sentiment nous avons présenté d'assez nombreuses observations et sollicité dans bien des cas des éclaircissements qui nous paraissent indispensables. Nous eussions préféré qu'au lieu de procéder à une réforme partielle, comme on l'a déjà fait en 1855, le gouvernement eût repris l'œuvre interrompue en 1851, l'œuvre accomplie en Belgique à la même époque, et eût saisi le Parlement d'un projet de revision du titre des privilèges et hypothèques, en y comprenant les dispositions relatives à la transcription. Les travaux de la commission extraparlementaire du cadastre lui fournissaient, indépendamment du projet de 1850, des matériaux d'une indiscutable valeur.

Par ce moyen, on éviterait les graves inconvénients que présente une procédure législative contre laquelle ont déjà protesté les voix les plus autorisées. Au lieu de réviser l'ensemble des règles d'une matière, au lieu d'édicter, comme le doit faire le législateur, des principes généraux que la doctrine et la jurisprudence ont la mission de développer ensuite, nos législateurs sont trop souvent portés à recourir à des lois spéciales, proposées en vue d'une situation déterminée, qui, suivant les circonstances, s'incorporent ou ne s'incorporent pas dans notre Code civil, dont les dispositions, animées d'un esprit nouveau, trouvent leur fondement dans des idées que le législateur de 1804 n'a pas connues, que quelquefois même il a répudiées. L'œuvre de l'interprète de la loi devient chaque jour plus laborieuse. Il est de plus en plus difficile de présenter une synthèse logique des règles votées à des époques différentes sous l'empire de considérations opposées. Par la révision d'ensemble d'un titre tout entier, on échapperait à ce danger. C'est pourquoi nous demandons qu'on procède ainsi pour le titre des privilèges et hypothèques, comme l'a d'ailleurs proposé, croyons-nous, M. le sénateur Thézard, à la commission du Sénat.

Paris. — Imp. F. Pichon, 24, rue Soufflot.